Lucio Anneo Séneca

EL LIBRO DE ORO

Traducción de Juan Álvarez

Prólogo de Javier Recas

Una iniciativa de Cypress Cultura
http://www.cypress.com.es

1ª ed., abril de 2026

Imagen de portada: detalle del monumento
a Séneca en la ciudad de Córdoba (España)

ISBN: 979-13-87504-24-3
Depósito legal: SE 353-2026

IMPRESO EN LA UNIÓN EUROPEA

Prólogo
UNA TERAPIA PARA EL ALMA

El libro de oro de Séneca, la obra que tiene el lector en sus manos, es un auténtico crisol de filosofía senequiana, una extraordinaria colección de casi 700 sentencias, que, sin embargo, no es el fruto de una selección del propio filósofo cordobés. Los textos de Séneca pronto atrajeron la atención del gusto medieval y renacentista por los florilegios de sentencias de los grandes autores antiguos. *El libro de oro* es un excelente ejemplo de este gusto, tras el cual se hallaba la convicción de que el acervo proverbial era fruto de la experiencia de generaciones, de una sabiduría que, como también creía Séneca, nos pertenece a todos.

El origen de esta obra se pierde en la noche de los tiempos. Lo que hoy conocemos como el *Libro de oro* de Séneca, o *Liber aureus*, es una obra no sólo posterior al autor, sino también a las ediciones antiguas de sus sentencias. Su título quería resaltar el extraordinario valor de su contenido, un auténtico tesoro para el espíritu. Suele considerarse que la primera gran edición (que, por cierto, se agotó rápidamente) fue la que en 1555 publicó Juan Álvarez en Coímbra con los aforismos y sentencias de Lucio Anneo Séneca, en texto bilingüe (latín-castellano) y organizada temáticamente. Esta, a su vez, procedía de una obra anterior en latín de autor anónimo, titulada *Aphorismi Senecae*, que Álvarez probablemente tradujo y adaptó. Su contenido tampoco fue totalmente invariable, ni de autoría evidente: si bien la mayoría de los textos procedían de las diferentes obras del filósofo cordobés, otras son anónimas o atribuidas a él, aunque de otros autores filosóficamente cercanos a Séneca, como fue, por ejemplo, el caso de Publilio Siro. La admiración de Séneca por Publilio, dicho sea de paso, fue enorme. Se hizo eco de sus sentencias en numerosas ocasiones y de manera explícita (por ejemplo, en las *Cartas a Lucilio*, en *Sobre la tranquilidad del alma*, en *Sobre la ira* o en *Consolación a Marcia*). La influencia de Publilio en Séneca fue grande, y no es extraño, por varias razones: Séneca se consideró continuador de la tradición gnómica latina de la que aquel fue un baluarte, introduciendo, como este hacía, sentencias en sus obras teatrales. Por otra parte, Séneca, cuya filosofía tiene un claro propósito moral, estaba convencido del valor ético de las sentencias publilianas. Muy probablemente, la mencionada antología titulada *Aphorismi Senecae* y las que de ella bebían contenían textos de muy diversos autores atribuidos erróneamente a Séneca, porque él mismo las refrendó (además de Publilio, de Plutarco, Quintiliano, Valerio Máximo, los Plinios, Salustio, Virgilio, Platón, San Jerónimo, San Agustín, San Gregorio...). Las antologías modernas han ido depurando progresivamente numerosas sentencias de las falsamente atribuidas al filósofo cordobés, así como también han incorporado algunos aforismos senequianos.

En términos formales hemos de resaltar la brevedad de los asertos y su expresión directa y de marcada tendencia pedagógica, algo que el autor buscaba (y también era valorado en la época) para favorecer su memorización y su aplicación práctica. La autoridad, elocuencia y sabiduría del filósofo aparecen en todo momento como un referente extraordinariamente valioso.

La temática del *Libro de oro* de Séneca es muy variada: filosofía, costumbres, felicidad, moral, amistad, la vida y la muerte...

Uno de los aspectos que predomina en los aforismos del *Libro de oro* es un clásico del estoicismo: nuestro modo de concebir la fortuna. En Séneca aparece desde dos perspectivas: como azar-suerte y como destino-providencia. Desde esta última afirma: "Ninguno muere sino a su tiempo". Por otra parte, debemos, recordar, nos dice Séneca, que somos el resultado de la casualidad: "Mucho puede la casualidad en nuestra vida, porque vivimos por casualidad". En cuanto a la mala suerte, nos invita a ser conscientes de que, en realidad, es tan sólo perder lo que previamente se nos dio: "No puede la fortuna quitar lo que no dio". La fortuna es caprichosa, sin duda: "Necesarios son nuevos favores de la fortuna para conservar la felicidad". La buena o la mala suerte, como todo lo ajeno a nosotros, sin embargo, no ha de preocuparnos porque nada podemos hacer al respecto. Y, por ello, tampoco debemos vanagloriarnos ni desmoronarnos por lo que nos viene dado. Lo cual no significa que nos entreguemos ciegamente a la fortuna: debemos centrarnos en lo que está en nuestra mano. Nos exhorta: "Nunca te rindas a la fortuna".

Hay en las sentencias senequianas un elogio de las virtudes sociales y de la amistad. Aunque el sabio estoico es autosuficiente, Séneca percibe la amistad como una de las grandes virtudes del ser humano. No han de tenerse amigos por necesidad social sino por el placer de la relación entre almas semejantes y como apoyo en la consecución de la virtud. La amistad es el escenario perfecto para ejercitarse en la benevolencia, el perdón, la solidaridad...

"Justa causa de alegría es ver alegre a un amigo", escribe. La ansiada paz interior (la ataraxia) se construye sobre los cimientos de la verdadera amistad, cuidadosamente elegida y mantenida.

La vida en sociedad, no obstante, es vista por Séneca como el fruto de una doble perspectiva que genera tensión: la necesidad, por un lado, de la mutua dependencia (como las piedras de una bóveda, que se sostienen unas a otras, dice en *Sobre la ira*). El hombre es un ser social. Hay un factor ético fundamental en entregarse a los demás que nos remite siempre a la sociedad: "Sé útil primero a los demás, si quieres ser útil a ti propio". Por otra parte, percibe la sociedad como un factor amenazante de la individualidad. Séneca suele aconsejarnos sobre los peligros de dejarnos llevar por la multitud: "Vilmente vive el que conforme a las costumbres del vulgo vive", "No hagas juez de la vida a la opinión popular, sino a tu propia conciencia". La sociedad, en todo caso, debe ser asumida, aunque en ella reine la injusticia: "El que no quiera vivir sino entre justos, viva en un desierto". Esta tensión entre la sociabilidad humana y la necesidad del sabio de soledad, que se plasmó en la propia vida de nuestro filósofo, se muestra en este excelente aforismo: "El sabio no debe huir de la vida, sino apartarse de ella".

Javier Recas

EL LIBRO DE ORO

Un solo bien puede haber en el mal: la vergüenza de haberlo hecho.

*

Bastaría por remedio ser mejores que malos.

*

No es muy grande el ánimo a quien deleitan cosas terrenas.

*

Procuramos olvidar lo que, traído a la memoria, nos entristece.

*

Necesarios son nuevos favores de la fortuna para conservar la felicidad.

*

Con facilidad se adquiere lo preciso para la vida.

*

Doloroso es que comencemos a vivir cuando morimos.

Necesaria es la experiencia para saber cualquier cosa.

*

El valor es siempre ambicioso de peligros.

*

Pequeño aparato basta para vivir bien.

*

Todos están conformes contra los maleficios.

*

Argumento es de ser casta el ser fea.

*

No hay nadie tan humilde, que no tenga poder para dañar.

*

Prueba es de virtud el desagradar a los malvados.

*

Demasiado pronto muere el hombre para llegar a conocer las cosas inmortales.

Tenemos en mucho precio los beneficios que hacemos.

*

Industria es la aparente simpleza.

*

Ajeno es todo lo que nos viene en deseo.

*

El que siempre busca grandezas, alguna vez las encuentra.

*

Amarga es la pena que nace de vergüenza.

*

Mozos fueron primero los que ahora son hombres.

*

Más dañosa es la abundancia que viene sobre gran codicia.

*

Reino en lugar ajeno no está seguro.

Más dura la memoria de las injurias recibidas que de los beneficios.

*

Extremadísima crueldad es dilatar el castigo.

*

Para bien obrar, el que da debe olvidarlo luego, y el que recibe, nunca.

*

Un amor apaga otro amor, y un temor otro temor.

*

No es necesaria la fortuna para solo subsistir.

*

Desde la infancia da señales de ingenio.

*

Aunque amor sea virtud, algunas veces perjudica.

*

Los demasiados frutos no llegan a madurar.

Sé útil primero a los demás, si quieres ser útil a ti propio.

*

La sencillez y la claridad distinguen el lenguaje del hombre de bien.

*

Muy pocos aciertan antes de errar.

*

Espera que te hagan a ti lo que tú haces a otro.

*

Amor por nuestra voluntad se toma, mas no por voluntad nuestra se deja.

*

Debe amarse al padre si es bueno, y sufrirle si es malo.

*

Tuyo haces el vicio que a tu amigo disimulas.

El que disputa con un beodo, disputa con un hombre ausente.

*

La mala nueva luego se cree.

*

Buena es la mujer cuando abiertamente es mala.

*

El avaro nunca hace cosa acertada sino cuando muere.

*

Más se descubre la edad cuando se disimula con arte.

*

Útil es al joven amar, e indecoroso al viejo.

*

La llaga de amor, quien la sana, la hace.

*

El que súbito se determina, súbito se arrepiente.

La ambición por la honra nunca mira obstáculos.

*

Muchas veces es valor el conservar la vida.

*

Las injurias y los beneficios penden de la voluntad.

*

Recibe beneficio el que lo hace al que lo merece.

*

Con buena suerte hemos nacido si no la malogramos.

*

El beneficio que a todos se hace, a ninguno se hace.

*

Siempre el esperar, aunque sea el bien, da cuidado.

*

¡Feliz quien desprecia la fortuna!

Desdichado es el que por tal se tiene.

*

La inconstancia acorta los días de nuestra vida.

*

Las buenas costumbres se conforman más con otras, y por eso duran.

*

Doble valor tendrá el beneficio que otorgues sin que te lo hayan pedido.

*

Vende su propia voluntad el que recibe ajeno beneficio.

*

Dos veces muere quien a voluntad de otro muere.

*

Pide ajeno beneficio el que refiere el suyo.

*

Bueno es tener fama, pero más seguro es tener dinero.

Dos veces vence quien en la victoria se vence a sí.

*

El liberal, aun para dar busca ocasión.

*

Pesado sueño tiene el que no siente cuán mal duerme.

*

Lo que de raíz se aprende, nunca del todo se olvida.

*

Ofensa hace a los buenos el que a los malos perdona.

*

Buena es la riqueza si la manda la razón.

*

Quien puede ser injusto, quiere serlo.

*

Alivia el trabajo del camino el compañero elocuente.

El buen suceso disculpa la temeridad.

*

Es morir bien, morir voluntariamente.

*

La desgracia es algunas veces ocasión de virtud.

*

La casualidad es a veces favorable.

*

Causa es de obrar mal el haber obrado.

*

Curioso es naturalmente nuestro ingenio.

*

En obligación nos pone el haber dado.

*

Despreciable cosa es el hombre cuando no se levanta sobre su esfera.

Tanto más crece el esfuerzo, cuanto más consideramos la grandeza de lo emprendido.

*

Ninguna esperanza queda de virtud, cuando no solamente deleitan los vicios, sino que se aprueban.

*

No hay cosa que mucho agrade al que en ninguna tiene asiento.

*

Debe tomarse consejo conforme al día y, si es posible, conforme a la hora.

*

Cruel es quien al afligido reprende.

*

La poca templanza del enfermo hace al médico ser cruel.

*

El peligro que no se teme, más pronto viene.

La virtuosa mujer manda a su marido obedeciéndole.

*

Manchada deja su vida el que procura su muerte.

*

Merece salir engañado el que, al hacer un beneficio, tenía cuenta con la recompensa.

*

Difícilmente se hallan palabras que retraten al vivo las grandes desdichas.

*

Obedecer a Dios es libertad.

*

Deberíamos recibir bien los trabajos, sabiendo que vienen por providencia divina.

*

Cuando alguna parte del todo cae, la que queda no está segura.

La diversidad de libros distrae el entendimiento.

*

El que desee vencer, prepárese para la guerra de mucho tiempo.

*

Consuelo es en las grandes desgracias el que no pueda sobrevenir otra mayor.

*

Determínese despacio lo que para siempre se resuelve.

*

Para morir, el mejor de los tiempos es el próspero.

*

No perdemos lo que ignoramos haber perdido.

*

Arrojo nos da la ira.

*

No todas las cosas están bien a todos.

Los males dudosos atormentan más.

*

El que promete dudosa salud al afligido, se la niega.

*

Tarde se olvida lo que se aprende por mucho tiempo.

*

Las lágrimas del heredero son risas encubiertas.

*

Ha de llevarse con paciencia la voluntad del príncipe,
en lo justo y en lo injusto.

*

Conceder los ruegos que son en daño del rogador es
bondad cruel.

*

Hasta el que se aparta de la virtud, la reconoce.

*

La amistad y la enemistad proceden de la voluntad.

24

La carencia de una cosa le da precio.

*

Muchos deleites afeminan los espíritus.

*

Hasta de males hay ambición.

*

Debe esperarse la muerte que la naturaleza ordena.

*

Muchas veces por dolor la inocencia se hace culpada.

*

La diligencia nos parece tardanza cuando deseamos una cosa.

*

Por el vicio ajeno enmienda el sabio el suyo.

*

Al infeliz sóbranle y fáltanle pensamientos.

Por demás se impide la muerte al que está determinado a morir.

*

La virtud impide a los valientes llorar, y a los débiles lo manda.

*

Súfrase, y no se reprenda lo que escuchar no se puede.

*

Paciencia muchas veces ofendida trastorna el juicio.

*

El miedo se pinta en el rostro.

*

Más continua es adversa que próspera fortuna.

*

Haz lo que debes, y no lo que puedes.

Menos camino hay de la virtud al vicio, que de los vicios a la virtud.

*

Mejor sufre el mal quien siempre le teme.

*

No hay manjar caro para el glotón.

*

La frugalidad es una pobreza voluntaria.

*

Poco importa carecer de sepultura.

*

Dichoso el que no lo parece a los otros, sino a sí.

*

La felicidad no mira de dónde nace, sino adónde puede llegar.

Venturoso premio de la virtud es ser aborrecido de los vicios.

*

Más seguro está en la virtud el que ya pasó por los vicios.

*

La confianza produce muchas veces la lealtad.

*

Para mayores desgracias guarda la fortuna a quien favorece.

*

Tolerable es el infortunio que es común a muchos.

*

La fortuna teme a los valientes y avasalla a los cobardes.

*

La fortuna puede robarnos la hacienda, pero no el valor.

Hasta la desgracia se cansa.

*

En los ancianos es ocasión de más constancia el estar cerca de su libertad.

*

El fin de un trabajo es principio de otro.

*

Tiénese por virtud la maldad que sucede al bien.

*

Mejor es la salud que nunca se perdió.

*

Grande recomendación tiene un rostro hermoso.

*

El que recibe lo que no puede pagar, engaña.

*

Confiesa el delito el que huye del juicio.

Cosas fingidas pronto vuelven a su natural.

*

Al que una vez perdió el crédito, nada le queda por perder.

*

No se contenta la fortuna con hacer un solo daño.

*

Lleva bien pequeños trabajos el que pasó por otros mayores.

*

Más fácilmente se entiende lo que por partes se propone.

*

Con más dificultad comienzan los honores que prosiguen.

*

En poco aprecio se tiene lo adquirido de gracia.

El que esgrime, en el mismo ejercicio aprende las reglas.

*

El trabajo sirve de nutrimiento a los pechos generosos.

*

Más grata es la virtud en una persona hermosa.

*

Despreciable honra es la que en la ociosidad se granjea.

*

Desgracia imprevista nos hiere más fuertemente.

*

El peor enemigo es el traidor.

*

Feas palabras, aun livianamente dichas, ofenden.

*

Para venir a mucho, no se debía comenzar por poco.

En ninguna parte se siente más la pobreza que en el destierro.

*

El piloto muestra en la tempestad su saber y su valor.

*

Mucho se siente quedar atrás en honores a aquellos a quienes en virtud precedemos.

*

Sólo es loable la ambición por no perder el tiempo.

*

Honra es la alegre pobreza.

*

El que no obtiene cargos públicos, no se tiene por honrado.

*

Los placeres aun después de haber pasado recrean.

Halla en la desgracia consuelo el que lo prodigó en la prosperidad.

*

La pobreza se ve obligada a tentar todos los caminos.

*

Su ponzoña tienen las palabras blandas.

*

Honrosamente sirve el que conforme a las circunstancias sirve.

*

Mejor es hacer a otros herederos, que buscar a quien heredar.

*

De vivir y de morir nos pesa.

*

Sin razón se queja del mar el que otra vez navega.

Presume de tu amigo, que puede ser en algún tiempo tu enemigo.

*

Muchas veces las ofensas son incentivo del valor.

*

La furia del mancebo, súbito se enciende y fácilmente se apaga.

*

Gravísima caída es de señor a esclavo.

*

No tiene seguro el cetro un príncipe aborrecido.

*

En las grandes desgracias faltan las lágrimas.

*

Víspera es de una desgracia otra desgracia.

El ánimo inconstante, cuanto más procura saber, menos sabe.

*

Hasta los vicios de quien mucho amamos nos placen.

*

De los males posibles ninguno peor que la opinión del vulgo.

*

Débese guardar con más cuidado lo que no se sabe cuándo ha de faltar.

*

No tiene la fortuna poder en el tiempo que pasa.

*

Maldad es no dejar el beneficio a merced del que lo hace.

*

Justa causa de alegría es ver alegre a un amigo.

Ingrato es el que solo en secreto es agradecido.

*

Muchas cosas hay que todavía carecen de nombre.

*

El que desea hacer una injuria, ya la hizo.

*

El que airado procura hacer daño, no se guarda de lo que le puede suceder.

*

En el pecho del sabio, aun sanada la herida, queda señal.

*

En lo mal comenzado, por más honrosa se tiene la porfía que el arrepentimiento.

*

El mayor mal que en los vicios puede haber es convertirse los unos en los otros.

Ingrato es el que por miedo es agradecido.

*

Propio de un hombre débil es no saber usar de las riquezas.

*

Más alegre cosa es granjearse un amigo que tenerlo.

*

De torpes deleites no queda sino el arrepentimiento.

*

El conocimiento del vicio es principio de virtud.

*

Aquella se puede llamar felicidad, que con nuestros deseos se mide.

*

La fortuna no tiene poder en nuestras costumbres.

*

Flaqueza es temer lo que nunca experimentamos.

Débil es el que por evitar la desgracia abraza la muerte,
y necio el que vive para ellas solas.

*

En convites no hay plática que llegue a cabo.

*

Estar en el ocio muy sosegados no es reposo, sino
pereza.

*

Especie de vanagloria es mucho recogimiento.

*

Injusto es hacer mal al que menos veces te lo hizo.

*

Espera vencer a la desgracia el que se encuentra
inocente.

*

Virtuosa cosa es perdonar a quien se arrepiente.

Llamas a la desdicha cuando dichoso te haces.

*

Mal se vive entre gentes sospechosas.

*

Desagradecido es el que agradeciendo tiene ojo a otro segundo beneficio.

*

Desagradecido es el que, con igual beneficio, agradece.

*

Sufrible es todo lo pasado; lo que se teme da mayor cuidado.

*

Muchas veces la ley se somete a la utilidad.

*

Bien se sufre una sola muerte.

*

Mejor se guarda lo que con trabajo se gana.

No es grave el mal que admite consejo.

*

Menos teme el que de cerca teme.

*

El miedo hace a los hombres pecheros.

*

Si a las lágrimas no vence la razón, la suerte las aumenta.

*

Mejor puede usar de sus apetitos el que mejor los puede encubrir.

*

Menos duran los deleites que su memoria.

*

Ligera es la desgracia que puede sufrirse, y la que no, breve.

Todo es posible a quien no teme los trabajos.

*

Lloren los ojos, mas no el alma.

*

Nadie puede ganar sin que otro pierda.

*

Llevadero sería todo trabajo, si no lo acrecentase la opinión de las gentes.

*

La mujer no admite medio: o ama mucho, o aborrece mucho.

*

La buena memoria es principio de la sabiduría.

*

No tiene perfecto amor el que sufre ver morir.

*

Hasta la muerte huye de los desgraciados.

Fácilmente cree el desdichado.

*

El mal consejo, para el que lo da es peor.

*

Mucho falta al que mucho tiene.

*

Malo es el consejo que no se puede mudar.

*

Más agradable es dar que recibir.

*

Grande remedio es la demencia para los que temen.

*

La virtud aborrece a los espíritus bajos.

*

Poco bien alegra al pobre.

Alivio es de trabajos el reposo.

*

Mucho descubre en su rostro el temeroso.

*

Mayor trabajo es venir a miseria que tenerla.

*

El desdichado no cree a la prosperidad cuando viene.

*

Las cosas que mucho suben, al mejor tiempo bajan.

*

El mayor castigo de la injuria es haberla hecho.

*

La enfermedad que sobreviene al convaleciente es más peligrosa.

*

Muy poco nos es absolutamente necesario.

Ninguno es de otro menospreciado, si no lo es antes de sí.

*

Los afligidos se apartan de lo que aman mucho.

*

Más ama el que con mayor peligro se expone a menos provecho.

*

Mal se agradece lo que mal se dio.

*

Muchos son desgraciados, pero los más por nuestra culpa.

*

Más se agradece lo que con fácil que lo que con larga mano se da.

*

Pesada y molesta palabra es ruego.

Especie de misericordia es matar de súbito.

*

Menos se siente perder lo que nunca pudo alegrar.

*

Mejor es tener bienes, aunque sea para dejarlos,
que no tenerlos.

*

Mal consuelo es tener compañeros en desgracia.

*

Pierde la virtud sus fuerzas si le falta oposición.

*

No hay grandes ejemplos sino de mala fortuna.

*

Más siente los trabajos el que de ellos no tiene
experiencia.

Más se estima el beneficio que dio principio a la amistad.

*

Mejor es tener a la verdad obligada que confiar en ella.

*

Mala salud es la que por otra enfermedad se alcanza.

*

No se debe poner la espada en manos del desesperado.

*

Dar consejo es virtud de segundo orden.

*

Muchas cosas tienen reputación, no por su valor, sino por flaqueza nuestra.

*

Mejor debe ser nuestra vida que la del pueblo, mas no contraria.

De muchos riesgos nos excusaríamos si tuviésemos siempre testigos.

*

Más se aumenta el valor en competencia.

*

A muchos fue causa de temer, poder ser temidos.

*

Trabajosa cosa es comenzar siempre la vida.

*

Miéntese muchas veces solamente por costumbre.

*

Mucho puede la casualidad en nuestra vida, porque vivimos por casualidad.

*

Con grande espíritu se deben determinar cosas grandes.

Mucho camino tiene andado para mejorar las costumbres el que desea mejorarlas.

*

Los desgraciados casi nos fuerzan a ser duros e insensibles.

*

No es buena la causa que tiene necesidad de compasión.

*

Malo se puede llamar al que solamente por su provecho es bueno.

*

Con gran peligro se guarda lo que a muchos agrada.

*

Menos agravio se hace al que presto se niega lo que pide.

*

A los que poca experiencia tienen, mucho les acrecienta su mal pensar que no tiene semejante.

Sepultura es de ingenios la sensualidad.

*

Más cuenta tiene con Dios el desdichado que el feliz.

*

Grande es la elocuencia que place al que oye contra
su voluntad.

*

No hay mal que no haga una mujer airada.

*

Nunca un peligro sin otro se vence.

*

En grandes porfías la verdad se pierde.

*

Más difícil es vencernos a nosotros mismos que
a nuestros enemigos.

*

No es vileza lo que se hace por no poder más.

Ninguno, si no se compara, es desdichado.

*

No hay cosa, por chica que sea, en que no quepa
la virtud.

*

Para hacer mal, poco tiempo basta.

*

No se puede sin peligro acometer a los poderosos.

*

No hay felicidad que dure mucho.

*

No es blando el camino del cielo.

*

No hay cosa más fuerte que el verdadero amor.

*

Cuanto mayor es la prosperidad, tanto menos se debe
confiar en ella.

No bastan en una nación las fuerzas sin la unión, ni la unión sin las fuerzas.

*

Es cobardía menospreciar la vida, y esfuerzo resistir a grandes desgracias.

*

Nunca te rindas a la fortuna.

*

No hay cosa honesta que no sea útil.

*

No tiene la felicidad cosa semejante a lo que muestra.

*

No hay soledad en que alguno no viva por pasatiempo.

*

No hizo naturaleza cosa dificultosa de las que al hombre son necesarias.

Lo necesario no falta en destierro, y para lo superfluo no bastan reinos.

*

De hombres es sentir los males, y flaqueza es no sufrirlos.

*

La razón no vence por sí a cada vicio, mas juntamente, a todos.

*

El que verdaderamente ama, nunca mira su provecho.

*

Solamente pueden consolar al triste la razón y el trabajo honesto.

*

No se confiesa obligado quien no recibió.

*

No hay cosa tan cara como la que con ruegos se compra.

Insufrible cosa es haber de rogar por lo que ya se concedió.

*

Doloroso es el tiempo que entre dudas se pasa.

*

Carecemos de libertad para nacer a nuestro arbitrio.

*

De ninguna suerte debemos fiarnos menos que de la buena.

*

No hay cosa perpetua, y aun son muchas las que poco duran.

*

La prosperidad que más dura es la que vino despacio.

*

No hay desgraciado que no halle consuelo con la vista de otro más desgraciado.

Ninguno nace para pasar la vida sin trabajo.

*

No es ofensa partir por medio con el más poderoso.

*

De nuestras cosas, la que perdemos nos parece la mejor.

*

Muy sentida es la muerte en que el padre queda vivo.

*

No hay desgracia igual a la execración pública.

*

No tiene bajo espíritu el que por hacer cosas grandes
se infama.

*

Menos se debe al que menos se conoce.

*

Ninguno hay tan bajo que no pueda esperar venganza de
otro mayor.

54

Fácil se nos hace la cura, por grave que sea, si se siente provecho de ella.

*

En ninguno es la ira más peligrosa que en el que a otros castiga.

*

El sabio no castiga por venganza de lo pasado, sino por remedio de lo venidero.

*

No hace beneficio quien mira a la prosperidad del que lo recibe.

*

Ninguno yerra para sí solo.

*

No hagas juez de la vida a la opinión popular, sino a tu propia conciencia.

*

Toda virtud se adquiere con trabajo.

No es deshonor no alcanzar una cosa, sino cesar de poner los medios.

*

Nunca hubo muerte de que no hubiese queja.

*

No hace buenas obras el que contra su voluntad es útil.

*

Solamente sabe mucho el que sabe lo bastante para vencer.

*

Para grandes cosas mucho se requiere.

*

No es destierro el sitio en que estamos seguros.

*

No hay desgracia a que falte remedio.

*

En ninguna parte está el que en todas está.

Ninguna desgracia es grande si es la última.

*

Nunca mucho costó poco.

*

No puede el médico curar bien sin tener presente al enfermo.

*

Nunca es demasía publicar lo que es necesario que se sepa.

*

No se debe hablar sino al que con voluntad escucha.

*

Alguna cosa sucede bien al que muchas prueba.

*

No es industria la que por acaso llegó a su efecto.

Poco tiene que esperar aquel a quien la vejez hizo vecino a la muerte.

*

Ningún descubrimiento se haría ya, si nos contentáramos con lo que sabemos.

*

No tiene el valor en su punto aquel cuyas obras no son conformes.

*

No puede haber orden cuando hay mucha prisa.

*

Hónrese cada uno con lo que le pertenece.

*

No interesa el que leas muchos libros, mas interesa mucho el que sean buenos los que leas.

*

No hay esclavitud más vergonzosa que la voluntaria.

Quien mucho ama no teme.

*

Todo lo vence la porfiada diligencia.

*

Sirven de impedimento para la felicidad las muchas ocupaciones.

*

Ninguno desea darse tristeza a sí mismo.

*

No hay cosa que más presto aborrezcamos que lo que nos incomoda.

*

Ninguno ama a su patria porque es grande, sino porque es suya.

*

No hay cosa que más pronto torne a sí que el amor.

Ninguno muere sino a su tiempo.

*

No consiste la felicidad de nuestra vida en vivir, sino en vivir bien.

*

No hay determinación tan general, que en parte no falle.

*

Al desdichado no hacer nada es lo mejor.

*

No hay felicidad tan perfecta, que carezca de todo sinsabor.

*

Nunca falta al avariento razón para negar.

*

No debes exigir lo que tú debías negar.

*

El delito lleva consigo mismo el castigo.

No hay camino que no tenga fin.

*

No hay grande desgracia que dure mucho.

*

Naturalmente nos alegra el fin de nuestras desgracias.

*

No es bueno el que es mejor que el malvado.

*

La virtud no permanece oculta.

*

Si algún animal tiene paz, la debe a nuestro hartamiento.

*

Para el hombre ocupado no hay día largo.

*

No se debe imitar a uno solo, aunque sea el más sabio.

Pocas veces el discípulo iguala al maestro.

*

No hay mejor causa para llorar que no poder llorar.

*

Con dificultad se cree lo que después de creído ha de dar pena.

*

El que sin fundamento empieza, nunca tiene, en lo que hace, acierto.

*

Ama como que has de aborrecer, y aborrece como que has de amar.

*

Triste cosa es no saber morir.

*

El verdadero amor no sufre dilaciones.

No sabe ser rey el que teme mucho el odio ajeno.

*

Natural es de mujeres deleitarse con atavíos.

*

La obediencia del vasallo hace pacífico al señor.

*

Contumaz es toda pasión, y mala de despedir.

*

Toda vida es tormento.

*

Bien acaba la virtud, si acaba primero la vida.

*

Toda virtud es difícil de seguir, y aun lo que se acerca a la virtud.

*

El sabio en la virtud debe siempre hacer fundamento.

La dificultad de los tiempos es ley de la naturaleza.

*

Virtud es sufrir al ingrato hasta que sea agradecido.

*

Todo lo vence el hombre, menos el hambre.

*

Toda arte es imitación de la naturaleza.

*

Todo lo puede esperar el hombre mientras vive.

*

Ningún vicio hay que no tenga disculpa alguna.

*

En toda reprensión debe entrar la blandura.

*

Todo es incierto aun al dichoso.

Parte es de beneficio negar con buena disculpa.

*

Del tormento se libra el que fácilmente lo sufre.

*

Doloroso es perder la patria, mas doloroso temer esta desgracia, y dolorosísimo los dos infortunios juntos.

*

No sabe tornar a su dueño la vergüenza que se fue.

*

Al que va deprisa se le hace grande un pequeño estorbo.

*

Mejor parece a los mozos el peor consejo.

*

Más que a sus hijos debe amar el príncipe a su nación.

*

Obedezca la nobleza a las fuerzas de la fortuna, principalmente si es oprimida en justa guerra.

Pierde su gracia lo que muchas veces se mira.

*

No sirven de nada las desgracias a aquel que no aprende de ellas.

*

A leyes del pueblo, por la mayor parte contradicen sabios.

*

El pobre contra su voluntad se harta.

*

Acrecienta el valor de los mantenimientos la dificultad con que se alcanzan.

*

Nada se logra con restituir al pródigo lo que perdió.

*

No es pesada la pobreza sino para aquel que por pesada la tiene.

Muy cerca está de negar el que duda responder.

*

Vicio grande es en el deudor hacer a su acreedor ofensa.

*

Por patria reputamos la tierra donde vivimos felizmente.

*

Parte de inocencia es la ceguedad.

*

Quítanos la vergüenza de pecar la multitud de los que pecan.

*

Ahógase el principio cuando se sigue grandeza.

*

Poco nos hubiera dado naturaleza si más que a sí no nos diera.

*

En poca costa nos mete el hambre, y en mucha el hastío.

Alguna cosa pide sobrenatural el que pregunta por qué se debe seguir la virtud.

*

El primer grado de las riquezas es tener lo preciso, y el segundo, lo que basta.

*

Perdiéronse las buenas costumbres, después que a los vicios se les dio el nombre de virtud.

*

Virtuosa cosa es haber acabado de vivir antes de acabar la vida.

*

Natural es de pobres contar muchas veces el caudal.

*

La presencia y la conversación de una persona amada tienen un deleite que parece ser vivo.

*

Antes de ofrecer debemos detenernos, pero después de haber ofrecido, cumplirlo.

Engaño hay cuando se concede lo que primero se negó.

*

Lo segundo, después de no errar, es la vergüenza de haber errado.

*

Voluntad de condenar muestra el que fácilmente condena.

*

Más daño hace el enemigo al que huye.

*

Las pasiones aguzan el ingenio.

*

¿Qué no vence la virtud?

*

La verdadera virtud, natural ha de ser, y no fingida.

*

Quien no tiene que esperar, de nada debe desesperarse.

A quien la razón no pudo dar remedio, muchas veces se lo dio la paciencia.

*

Da causa para negar el que pide con temor.

*

Sufra trabajos aquel al que la suerte los da.

*

El afligido cree con más facilidad lo que desea.

*

Cosa ajena alaba quien su prosapia alaba.

*

La desgracia no llega al hombre valeroso.

*

Alegre nos es el recuerdo de las desgracias que han pasado.

*

Cada uno sufre o goza según sus obras.

No se puede asegurar la existencia de un solo día.

*

El príncipe que desee sostenerse en el trono gobierne con clemencia.

*

El que en sí reconoce algún vicio, presume que de él se habla cuando se nombra aquel vicio.

*

Lo más perfecto que hay en el hombre está libre del poder de los hombres.

*

El que tarde dio, por mucho tiempo no quiso dar.

*

No satisface el beneficio recibido el que no lo paga con usura.

*

Si alguna cosa deseas de mucho valor, procura que haya pocas como ella.

El que, pudiendo, no evita el delito, lo consiente.

*

Todo es lícito al vencedor.

*

Cosas hay en que la ley nos da lugar, y vergüenza
le quita.

*

Afición es todo lo que vence a la razón.

*

Lo que nunca se hizo, se puede hacer.

*

La mayor parte del tormento es el tiempo que precede
al tormento.

*

Vicios hay que, como señales de felicidad, deleitan.

*

La cosa que naturaleza hizo más grave, común la hizo.

Lo que a lo más alto llega, cerca está de caer.

*

Menos venganza quiere el padre de la que quiere la ley.

*

Pide el beneficio el que a la memoria lo trae.

*

Muchos hay que amando matan.

*

El que de buena voluntad recibió algún beneficio, pagó la primera parte de su obligación.

*

Poco se estima lo que se tiene en casa.

*

Cosas hay que para saberlas no basta haberlas aprendido.

*

El que de nuevo no quiere recibir, de lo recibido le pesa.

No guardes mezquinamente tus bienes, ni los derrames con prodigalidad.

*

Si de alguna cosa tuvieres necesidad, a ti mismo pídela prestada.

*

Cumple religiosamente tus obligaciones del modo mismo que las contrayeres.

*

Hay casos tan feos, que aun al que los castiga ofenden.

*

Mejor es precaver lo venidero que disputar sobre lo pasado.

*

Ejercítese antes de la obra el que en ella se quisiera ver expedito.

*

Muchos acabaron la vida antes de comenzar a vivir.

No consiente que le reprendan el que no reconoce haber errado.

*

Debemos considerar quiénes somos, y no la reputación en que estamos.

*

Siempre es peor el día siguiente.

*

Menos dolor produce la desgracia que de antemano se teme.

*

Muchas sutilezas despojan de sus bríos a la razón.

*

No tiene que subir el que a lo más alto llegó.

*

Pocos hay viejos y dichosos.

Pocas veces tiene el súbdito licencia contra el señor.

*

Grosero es el tirano que con muerte castiga.

*

Siempre los descendientes tornan a la raíz.

*

Rey se puede llamar el que nada teme.

*

El amor natural, si una vez falta, luego vuelve.

*

Guarda es de reinos el miedo.

*

Cosas grandes no se pueden restituir.

*

El precio de la virtud es ella misma.

Género es de desechar, dar luego otro tanto.

*

Desasosegada cosa es la prosperidad.

*

Poco más o menos, en todo es igual la razón.

*

Yerra el que por odio del malo pone su inocencia en peligro.

*

El que pudiendo no favorece al que está en peligro, ayuda a matarlo.

*

Vilmente vive el que conforme a las costumbres del vulgo vive.

*

El bien se conoce más tarde que el mal.

*

Buen juicio y mucha plática, pocas veces se juntan.

*

Uso y memoria engendran sabiduría.

*

Nunca es tarde para vivir bien.

*

Algunas veces se encubre con una maldad, otra.

*

Alegre cosa es llegar al logro de nuestro deseo.

*

Muchas veces la pasión nos ata la lengua.

*

No hay cosa que más abata los espíritus que la pobreza.

*

A nuestra diligencia debemos lo que contra voluntad de otro alcanzamos.

Asaz agradecimiento es, para el que da al redopelo[1], no recibir su beneficio.

*

Las esperanzas se encadenan.

*

Otra muerte es no poder llorar la muerte.

*

La parte de nuestro cuerpo más sana es la que más se ejercita.

*

Los estudios, aunque no tengan efecto, son dignos de alabanza.

*

Más virtud es favorecer al malo por razón del bueno, que por causa del malo no ayudar al bueno.

*

Si no hay diferencia en las costumbres, todos son iguales.

---

[1] A desgana.

Poco remedio queda al que tarde se pone en regla.

*

Si deseas ser amado, ama.

*

Esperanza es nombre de un bien dudoso.

*

Más pena nos da la opinión del trabajo que el trabajo mismo.

*

La ignorancia en las gentes siempre está en su principio.

*

Muy severo es el verdadero contentamiento.

*

Yerra el que se aflige porque algún tiempo ha de tener aflicción.

*

Pierde su autoridad la gravedad continua.

No hay lugar tan estrecho[a] donde no se pueda elevar el pensamiento.

*

Simpleza es loar en los hombres cosas ajenas.

*

Trata a tu inferior como deseas ser tratado [por] tu superior.

*

La inexperiencia destruye e inutiliza muchas buenas ocasiones.

*

El que no quiera vivir sino entre justos, viva en un desierto.

*

Yerra el que no principia a aprender por parecerle que ya es tarde.

*

Muchas veces es poco lo que se da, y mucho lo que de darlo se sigue.

Mejor es saber cosas excusadas que no saber ninguna.

*

Sencillos son los cuidados del bueno, y doblados los del malo.

*

Muchas veces lo que no se halla cuando se busca, sale al encuentro cuando no se busca.

*

Más apocado queda el que es fríamente alabado que el que es ásperamente reprendido.

*

No se puede formar de los mozos un juicio exacto.

*

El que más experiencia tiene, teme más los peligros.

*

El tiempo hace llevaderas las desgracias.

Llevadera sería la pobreza, si no trajese consigo
deshonra.

*

Tanto pierde la buena obra de valor, cuando tuvo
de tardanza.

*

No quiere el que tarde quiere.

*

Más seguro está contra fortuna aquel a quien después
de la fortuna le queda alguna cosa.

*

Trabajoso es deber a quien no querrías deber.

*

Más se teme lo que más veces acontece.

*

En tanto tiene la razón poder, en cuanto está libre
de pasión.

No se da como se debe dar, lo que sin ser pensado se da.

*

Apocado es el que consiente ser en beneficios vencido.

*

Torpe pérdida es la que por negligencia se hace.

*

Vergüenza es en el viejo no saber más de lo que lee.

*

El que callar no puede, hablar no sabe.

*

Conviértanse en voluntad las palabras de que se usa.

*

Así es crueldad perdonar a todos como a ninguno.

*

En tanto se debe aprender, en cuanto no se sabe y mientras se vive.

Tierras fértiles, afortunados hombres producen.

*

En todas partes se muere.

*

Uno y otro es cobardía, querer y no querer morir.

*

Mucha parte de la verdad se encubre a los que vista no tienen.

*

Vergüenza tenemos de ser con vergonzosa medicina curados.

*

Furiosos son los primeros ímpetus del vencedor.

*

Vencedora de leyes es la osadía.

*

Afeminados espíritus engendra la avaricia.

Amor de mujer casta, perpetuo es.

*

Refiérense las leves pasiones, y las muy grandes no se pueden referir.

*

Crédulos son todos los que temen.

*

Si quieres no temer ni esperar, da por pasada la vida.

*

Peor se sufre el menosprecio que el cautiverio.

*

Pequeños son los deseos de nuestro cuerpo.

*

Para nuestra avaricia, lo mucho es poco, y para nuestra necesidad, lo poco es mucho.

*

Lo que a uno puede acontecer, puede acontecer a todos.

Por rico se puede tener al que con la pobreza bien se aviene.

*

La aflicción de nuestros amigos nos induce a amarlos más.

*

No son propios para reinar los ánimos humildes.

*

Los últimos males en alguna manera nos descansan.

*

Algunas veces debemos desechar los grandes pensamientos, y seguir los que las circunstancias nos inspiran.

*

Todo lo que de nuestra edad queda atrás, la muerte lo tiene.

*

En lo hondo, no solamente está lo poco, sino también lo peor.

Propio de un ánimo enfermo es el mudar de domicilio.

*

Prueba es de buen espíritu tener firmeza.

*

Nada ofende tanto a nuestra salud como la mudanza de remedios.

*

El árbol que muchas veces se trasplanta no crece.

*

No hay cosa tan útil que después de pasada aproveche.

*

Todo lo debemos consultar con el amigo, mas primero debemos consultar si lo es.

*

Tomado un amigo, debe dársele crédito, y antes de tomarle, se le debe juzgar.

No hay bien alguno que nos deleite, si no lo comunicamos.

*

Largo es el camino de los preceptos para llegar a la sabiduría, y corto el de los ejemplos.

*

Enseñando aprendemos.

*

Debemos ponernos por modelo algún varón virtuoso, y pensar que asiste de continuo a nuestras obras.

*

Todo lo honesto tiene por bajeza el que a su cuerpo demasiado ama.

*

El sabio nunca provoca la ira del más poderoso, sino procura evitarla.

*

En muchos conseguir riquezas no fue fin de trabajos, sino mudanza de ellos.

Mejor es acabar una vez que ser atormentado muchas.

*

Con más seguridad seríamos ricos, si conociésemos el poco trabajo que hay en ser pobres.

*

El sabio debe caminar siempre por un sendero, mas no a un paso.

*

Grande se puede llamar el que en las riquezas es pobre.

*

Difícilmente se tiene templanza en lo que se presume ser bueno.

*

Segura es la codicia del bueno.

*

El sabio no debe huir de la vida, sino apartarse de ella.

Aun los muy cobardes hablan con osadía.

*

El que aconseja que se piense en la muerte, la libertad aconseja.

*

A unos basta mostrar el remedio, a otros es necesario buscarlo.

*

En todo lugar se puede vivir virtuosamente.

*

Ningún virtuoso puede aplacar al pueblo.

*

Mucha parte de la verdad está por descubrir.

*

Todo hombre se somete a la doctrina de sus naturales.

*

No podemos evitar las pasiones, pero sí vencerlas.

De grande ánimo es menospreciar grandezas y querer antes la medianía que la sublimidad.

*

No queda esperanza de remedio cuando los vicios se mudan en costumbres.

*

La buena conciencia entre muchos está segura, y la mala aun estando sola teme.

*

De ningún testigo deberíamos hacer más caso que de nosotros mismos.

*

Noble se puede llamar el que por naturaleza es inclinado a la virtud.

*

No se debe menospreciar la fortuna de alguno cuando el que la menosprecia puede descender de ella.

*

Más sutileza es dejar ciertas cuestiones que desatarlas.

La virtud que por mucho tiempo se ejercita, persevera.

*

Obliguemos a nuestra alma a que principie a vivir bien,
que después pequeños remedios bastan.

*

Débese elegir un buen domicilio, útil no solo para el
cuerpo, sino también para las buenas costumbres.

*

A los que con armas vencen, los vencen muchas veces
los vicios.

*

Ausentes están algunos, aunque presentes parezcan.

*

Más seguro es el camino de que se duda.

*

No puede la fortuna quitar lo que no dio.

No solo nos inquieta el golpe, sino también el sonido.

*

El rico que sin tener cuenta lo es, poco tiempo es rico.

*

No quiere el enfermo médico elocuente, sino que le sane.

*

No hay maldad tan grande, que carezca de ejemplos.

*

La verdad, en todas sus partes lo es.

*

Para pocos nació el que solamente es útil a las gentes de su tiempo.

*

Quien de verdad quiere ser bueno, lo será.

*

Imperar es oficio, y no reino.

No se alaban las riquezas porque se codician, sino que se codician porque se alaban.

*

Muchos dejan de pecar más por vergüenza que por voluntad.

*

Aun los deleites son penosos cuando sin moderación se gozan.

*

Poco importa que seamos acreedores de la fortuna o de los hombres, pues ni lo uno ni lo otro es ajeno.

*

Inútilmente se previene lo que no se puede evitar.

*

Parte de intemperancia es querer saber más de lo necesario.

*

Procura en tus estudios no saber más que los otros, mas saberlo mejor.

Por humilde se tiene ya el que con lo necesario se contenta.

*

Mucha diferencia hay de no querer pecar a no saber.

*

En menos tiempo se deshacen las cosas que se restauran.

*

Aunque la edad de algunos fue imperfecta, su vida perfecta fue.

*

El mayor espacio de la vida es vivir hasta saber.

*

Siempre podremos aprender del hombre eminente, aun cuando calla.

*

No conocerás cuándo el sabio te es útil, y lo conocerás cuando te haya sido útil.

Una parte de la virtud consiste en la teoría, y otra en la práctica.

*

A vicios leves, pequeños remedios bastan.

*

Nunca se tiene un vicio solo.

*

Castigo es la maldad de sí misma.

*

El que llamas muerto, no murió, mas partió primero.

*

Menos nos duele la desgracia cuando testigos no hay.

*

Cada día debemos juzgarlo una nueva vida.

*

En los hombres grandes no es menos provechosa la memoria que la presencia.

Un perverso perjudica a otro perverso, y los buenos son útiles a los buenos.

*

Con mayor tormento se conserva la hacienda que se adquiere.

*

Trabajos nos da quien grandezas nos promete.

*

En poco se tiene, después de alcanzado, lo que antes se estimaba mucho.

*

A todos da la hacienda más codicia de sí, y la causa es porque empieza a poder más el que más tiene.

*

Todo lo que por arte se hace es más incierto y desigual que lo que naturaleza reparte.

*

No queda al enfermo esperanza de salud cuando el médico le aconseja intemperancia.

En ninguno puede haber vicio, sino en el que puede
haber virtud.

*

No hay hombre más desdichado que el que nunca probó
la adversidad.

*

Menos teme los peligros el que más veces los venció.

*

Natural es en todo hombre la piedad, mas en el príncipe
es más hermosa.

*

No está el rey seguro donde no hay cosa segura del rey.

*

Muy amable es la vida, cuando todos la desean.

*

Así infaman al príncipe muchos castigos, como muchas
muertes al médico.

Más veces se comete lo que más veces se castiga.

*

La naturaleza humana más sufre imitación que violencia.

*

No va en más nuestro acertar, que en no imitar al pueblo.

*

Igual es el número de los envidiosos al de de los aduladores.

*

El deleite no es premio ni causa de virtud, sino accesorio provecho suyo.

*

El sabio no tiene afición a las riquezas, mas querríalas antes tener que dejar de tener.

*

El buen capitán no ha de confiar tanto en la paz, que no se ejercite para la guerra.

Vívese por imitación más que por razón.

*

La virtud ni causa hastío ni arrepentimiento.

*

Solamente del tiempo es loable la avaricia.

*

No hace solamente la guerra el que se halla en el campo.

*

Nunca nos avergüence el autor si la obra es buena.

*

Si te sabes aprovechar de la vida, larga es.

*

Antes nos faltarán lágrimas que causas para verterlas.

*

Por venganza tiene el magnánimo haberse vengado.

*

Lo que hay después de la muerte, vida es.